GW01464787

COMPRENDRE
LA LITTÉRATURE

AMÉLIE NOTHOMB

Métaphysique des tubes

Étude de l'œuvre

© Comprendre la littérature, 2020.

1 rue Honoré - 93500 Pantin.

ISBN 978-2-7593-0627-5

Dépôt légal : Juin 2020

Impression Books on Demand GmbH

In de Tarpen 42

22848 Norderstedt, Allemagne

SOMMAIRE

BIOGRAPHIE

AMÉLIE NOTHOMB

Amélie Nothomb, de son vrai nom Fabienne Nothomb, est née le 13 août 1967 au Japon, dans la ville de Kobé. Elle est l'arrière petite fille du romancier belge Pierre Nothomb et la fille de Danièle Scheyven et Patrick Nothomb. Ce dernier est ambassadeur de Belgique. Elle a deux frères et sœurs : André et Juliette. Celle-ci est écrivaine pour enfants mais aussi chroniqueuse et critique culinaire.

Amélie passe les cinq premières années de sa vie au Japon. Cette époque est très marquante pour l'auteure puisque ce pays occupera par la suite une place prépondérante dans sa vie et son œuvre. De 1972 à 1975, les Nothomb s'installent en Chine, à Pékin. Dans son roman *Le Sabotage amoureux* (publié en 1993), Amélie décrit la Chine comme le « pays de la laideur », par opposition au Japon « pays de la beauté ». Puis les déplacements de la famille se succèdent : New-York, Bangladesh. Ce dernier pays est une mauvaise expérience pour la jeune femme lors de son adolescence. A cette époque, elle sombre dans l'anorexie. Ensuite, ils s'installent en Birmanie et au Laos. Les villes changent au gré des affectations de son père liées à son travail. Ils retournent en Belgique à ses dix-sept ans. Elle entre alors à l'université Libre de Bruxelles afin d'étudier la philologie romane. Par la suite, elle obtient l'agrégation en vue d'une carrière dans l'enseignement. Une fois l'obtention de son diplôme, elle retourne au Japon, cherchant toujours sa voix professionnelle bien qu'écrivant déjà pour elle-même. Elle y exerce un métier d'interprète dans une entreprise japonaise de la capitale. Elle tombe amoureuse du fils du plus grand joaillier du Japon qu'elle quitte sept jours avant leur mariage.

Elle publie son premier manuscrit *Hygiène de l'Assassin* en 1992 à vingt-cinq ans, après être restée un an à Tokyo. Lorsqu'elle l'envoie en premier lieu aux éditions Gallimard, Philippe Sollers ne comprend pas ce roman et le rejette croyant à un canular. C'est donc chez Albin Michel qu'elle sera éditée.

Nothomb écrit énormément et ne publie pas tous ses écrits. Elle déclare à propos de l'écriture : « C'est une maladie qui me fait jouir. » Elle avoue dans de nombreux entretiens écrire jusqu'à quatre romans par an mais n'en publier qu'un seul. Elle se dit même « enceinte de ses romans ». Sa douloureuse expérience professionnelle au Japon lui inspire son neuvième roman *Stupeur et tremblements* publié en 1999. Il est couronné par le grand Prix du roman de l'Académie Française. Ce titre est certainement le plus gros succès de l'auteure à ce jour, avec plus de 500 000 exemplaires vendus. Après *Stupeurs et tremblements*, elle se met à publier un roman par an. Fidèle à son éditeur Albin Michel, Nothomb publie des romans aussi bien autobiographiques que fictionnels, sur divers thèmes tels que ses voyages et expériences au Japon, l'amour ou encore sa propre vie. En 2007, elle reçoit le prix de Flore pour son seizième roman *Ni d'Eve ni d'Adam* relatant une autre partie de sa vie au Japon, celle de son histoire d'amour. En 2008, c'est le prix Jean Giono qu'elle obtient avec *Le Fait Du Prince*. Ses romans sont traduits en une quarantaine de langues. Elle est présente dans les programmes d'enseignement secondaire de Belgique, du Québec ou encore de la France. Sa présence dans le milieu littéraire et son influence sont incontestées, elle apparaît également à la télévision, dans les journaux et en 2012 préside la 34e édition du Livre Sur La Place à Nancy, premier salon littéraire de la rentrée. Certains de ses ouvrages ont été transposés au cinéma : *Hygiène de l'assassin* en 1998 et *Stupeurs et tremblements* en 2003 (avec Sylvie Testud pour le rôle d'Amélie qui a obtenu le César de la meilleure actrice). Nothomb partage aujourd'hui son temps entre les villes de Bruxelles et de Paris.

PRÉSENTATION DE MÉTAPHYSIQUE DES TUBES

Métaphysique des Tubes est le huitième roman d'Amélie Nothomb. Il paraît en 2000 aux éditions Albin Michel. Cette maison est le quatrième groupe d'édition français et l'auteure édite tous ses manuscrits chez eux depuis son premier ouvrage en 1992.

Métaphysique des tubes est le roman autobiographique de l'auteure de sa naissance à ses trois ans. A travers le récit de son enfance, Nothomb relate sa vie au Japon et offre à ses lecteurs une réflexion sur l'entrée dans la vie, Dieu, l'évolution humaine ou encore la vie de famille. Elle passe ses deux premières années dans la passivité la plus totale, à ses deux ans elle entame finalement sa croissance comme une enfant normale. Elle fait part de ses pensées sur ce qui l'entoure de manière parfois cynique et humoristique. L'auteure donne ainsi des détails sur la découverte de la vie à travers le regard d'un enfant et fait entrer le lecteur dans sa vie privée avec des descriptions de sa famille et de son environnement. Elle donne des souvenirs précis et joue avec le travail de mémoire de l'auteur autobiographique.

Plusieurs thèmes sont abordés dans ce manuscrit. Il y a l'enfance de l'écrivain avec le récit d'évènements marquants et significatifs dans son accomplissement d'enfant, les changements qui s'opèrent dans sa vie à cette époque. On retrouve aussi le sujet de la découverte du monde : son entourage, ses premiers pas, la parole, la lecture… La description de la vie au Japon tient également une place prépondérante dans cet ouvrage, comme dans toute son œuvre, avec la mention des paysages, de la nature ou encore de l'art du Nô.

RÉSUMÉ DE L'OEUVRE

Le roman autobiographique débute à la naissance de la petite fille. Un personnage apathique, calme, qui dès ses débuts dans la vie ne manifeste aucun signe humain. En effet, de sa naissance à ses deux ans l'enfant, appelé aussi « le tube » de nombreuses fois au début du roman, commence sa vie sans bouger, sans ressentir, sans réagir. C'est un enfant que ses parents appellent « la plante » et qui ne bouge pas de son berceau, ne tente aucun geste. Il se laisse même mourir de faim : si on ne lui donne rien, il ne réclame pas.

A partir de ses deux ans, il y a une évolution comportementale chez la petite fille. L'auteure l'annonce par cette phrase : L' « apathie pathologique » s'était muée en « irritabilité pathologique ». Ceci illustre le premier changement chez l'enfant depuis sa naissance, c'est conséquemment un événement marquant de sa croissance. En effet, cet enfant évoluant dans le silence et l'immobilité, se réveille à deux ans dans la fureur et les cris. Elle pique à présent des colères et entre constamment dans une rage monstrueuse. Ce changement de comportement brutal est tout d'abord applaudi par toute la famille qui n'espérait plus rien de cet enfant. Par la suite, la situation devient invivable. Les parents ne peuvent s'occuper d'une enfant aussi colérique et s'en inquiètent.

Cet état n'est bouleversé qu'en février 1970 lorsque sa grand-mère vient lui rendre visite. Elle lui fait goûter du chocolat, ce qui calme instantanément ses crises. Les âges des différents enfants sont alors mentionnés : lorsque le tube a deux ans et demi, l'aîné, André, en a sept et la cadette, Juliette, cinq.

Après cette visite, la petite se réveille : elle devient alors une enfant plus conventionnelle, sage et éveillée. Elle se met à marcher, elle fait ses premiers pas et en découvre l'indéniable utilité. Elle poursuit sa croissance avec l'apprentissage de la parole : elle dit ses premiers mots. Elle hésite longuement sur le premier mot à dire et prononce « maman » comme pour faire plaisir à sa génitrice. Déjà, elle réfléchit au sens des mots et à leur portée.

A partir de cet instant et tout au long du récit, elle mentionnera l'importance cruciale de sa douce gouvernante japonaise Nishio-San qui la couve, l'admire et lui donne tout ce qu'elle désire. Avec elle, elle parle japonais. Ses parents trouvant qu'elle l'accapare, ils décident d'en embaucher une deuxième : Kashima-San, qui, elle, est tout le contraire de la première. Elle est stricte, sévère et peu aimable.

En avril 1970, un ami de son père (homme d'affaires vietnamien) leur confie la garde de son fils Hugo que la petite fille n'apprécie guère et décide de ne pas nommer « pour le châtier ». Elle ne l'aime pas beaucoup en raison du fait qu'il s'allie à son frère André pour l'embêter.

A la suite de ceci vient un événement marquant : sa noyade qui la pousse à parler et à montrer à son entourage qu'elle sait s'exprimer. L'enfant crie de détresse (en français) et conséquemment avoue qu'elle parle, Nothomb écrit d'ailleurs : « L'eau avait réussi son plan : j'avais avoué. » Cette noyade provoque aussi un autre tourment : c'est Hugo qui a prévenu les adultes qu'elle se noyait et lui a donc sauvé la vie. Elle se pose alors des questions sur sa présence sur Terre qui perdure grâce à lui.

L'évolution de la petite fille se fait tout le long du livre et touche ensuite un autre domaine : elle remarque qu'elle sait lire. C'est une nouvelle compétence, un nouvel apprentissage réussi dans sa vie d'enfant. Après la sortie de la torpeur, les premiers pas, les premiers mots, c'est au tour de la lecture : elle grandit.

Cet apprentissage ne s'arrête pas là, très curieuse, elle découvre la nuit et veut en voir plus à propos du monde qui l'entoure. C'est ainsi qu'une nuit en escaladant son

« lit-cage », elle attrape le rebord de la fenêtre et tombe au travers, se rattrapant de justesse avec ses jambes. A cet instant l'auteure fait mention des sens : il y a donc par cet événement une découverte du physique humain et de son utilité. On la met alors dans la chambre de sa sœur pour dormir, cet événement permet ainsi au lecteur de découvrir toute l'admiration que l'enfant a pour sa sœur.

Au mois de mai, les fleurs perdent de leur superbe. C'est aussi le mois des garçons illustré par la carpe, symbole de masculinité japonais. L'enfant n'apprécie pas cela et va même jusqu'à déclarer : « Mai méritait bien d'être le mois des garçons : c'était un mois de déclin. » Elle demande à voir des carpes. Elle part donc se promener avec sa gouvernante afin de trouver un bassin d'eau au Futatabi. Elle fait alors part aux lecteurs de toute son admiration pour la nature, observant les végétaux, les arbres et s'extasiant sur leur ancienneté ou leur beauté.

C'est pendant le mois de juin que l'enfant en apprend plus sur son père et pose des questions. Une nouvelle histoire est alors relatée : le récit du lien entre son père et le Japon, sa carrière de chanteur de Nô et tous les efforts entrepris pour la réussir. Nothomb fait ce récit de façon détaillée et fait part à ses lecteurs de son ressenti de petite fille par rapport à cela.

Lors d'un nouvel événement marquant au mois de juillet, c'est le sentiment d'angoisse qui fait son apparition. En marchant dans la rue, elle croit avoir perdu son père, elle pense qu'il a disparu alors qu'il est tombé dans le caniveau. Ce sentiment est transmis très clairement au lectorat par sa déclaration : « Une angoisse sans nom s'empara de moi. »

Quelques temps après cela, Nishio-San annonce son départ. La petite est alors effondrée et apprend de surcroît qu'elle ne restera pas au Japon pour toujours. Ils ne sont tous là que pour les déplacements professionnels de son père. Face à ces nouvelles, elle est au désespoir et pleure. Finalement, sa douce gouvernante décide de rester parmi eux.

En août, c'est l'anniversaire de ses trois ans. Elle pense que tout le monde désire le fêter et la célébrer. Ses parents lui font cadeau de trois carpes alors qu'elle en a horreur depuis qu'elle sait à quoi ces animaux ressemblent en réalité. L'auteure écrit alors : « Les Nippons avaient raison de situer à cet âge la fin de l'état divin. » Ceci exprime son désenchantement mais aussi appuie de nouveau le fait qu'elle est Dieu, une enfant sacrée. A partir de là, elle doit aller nourrir ses poissons quotidiennement, à midi. Et chaque jour elle est un peu plus écoeurée par ces animaux et leurs bouches béantes. Elle les a baptisés Jésus, Marie et Joseph. Ces détails sont dans la continuité des références bibliques et sacrées qui se profilent tout le long de l'histoire au sujet de l'enfant.

Fin août, c'est un nouvel et dernier événement qui se déroule : sa deuxième noyade dans le bassin aux carpes. En allant les nourrir, elle se penche de plus en plus et sombre dans le bassin, une chute qui n'est pas réellement accidentelle. Elle donne alors aux lecteurs son point de vue de l'intérieur de l'eau. Elle croit apercevoir Kashima-San qui la regarde se noyer et ne vient pas la chercher, elle croit même la voir sourire. Et elle lui en est reconnaissante, elle se laisse couler. Au Japon, les gens ne secourent pas ceux qui meurent de peur de nuire à leur honneur et de les rendre redevables de leur vie envers eux, la petite fille trouve donc cela naturel que la gouvernante ne la secoure pas. C'est Nishio-San qui finit par la découvrir et la tirer de l'eau. Toute la famille se dirige donc vers l'hôpital. On lui recoud le front par des points de suture, elle parle de « trou dans la tête ». Elle appelle cet événement sa seule et unique tentative de suicide. Ses parents ne le voient pas ainsi, ils pensent tous qu'elle est tombée en nourrissant les poissons et sa mère lui déclare même que désormais elles iraient ensemble nourrir les carpes. Son supplice n'est donc pas terminé.

Cet événement marque la fin du livre et de cet autobiographie enfantine, ce premier regard sur la vie, cette découverte des sens et du monde de sa naissance à ses trois ans.

LES RAISONS
DU SUCCÈS

La littérature du début du XXIᵉ siècle est très marquée par la présence de la première personne du singulier. En effet, beaucoup d'auteurs utilisent le « Je ». Amélie Nothomb, quant à elle, joue des deux points de vue, elle oscille entre troisième et première personne du singulier dans *Métaphysique des Tubes*. Elle commence son histoire par un point de vue extérieur de narrateur omniscient utilisant la troisième personne du singulier pour relater les faits et introduire le personnage du « tube ». L'utilisation du pronom personnel « Je » ne débute que lors de l'éveil colérique du personnage. Le changement de point de vue marque donc le changement d'état de l'enfant. Par cela, l'auteure brise les points de vue et modalités de l'autobiographie classique dans laquelle l'auteur parle de lui-même à la première personne du singulier. La littérature de ce siècle met l'accent sur l'intime avec des auteurs tels que Camille Laurens. Et Nothomb suit ce mouvement en faisant le choix d'une autobiographie romancée. Elle narre l'évolution de l'être du néant à un enfant doté de mémoire. Elle s'inscrit ainsi dans l'ère des auteurs d'autofiction offrant une vision générale de la vie à travers un récit de ses débuts au Japon.

Ce manuscrit n'est certes pas son plus gros succès mais surprend par son cynisme et son sujet peu commun : l'auto-biographie d'un nourrisson. Cependant il offre une vision de l'enfance dominant le monde en le nommant et en le découvrant qui se différencie des autobiographies du XXᵉ siècle telles que celles de Marguerite Duras ou encore de Nathalie Sarraute. Ici, l'enfant est tout puissant, il décide de ses réflexions sur le monde et passe par une découverte qui s'éloigne de toute objectivité. L'écrivain Jacques De Decker souligne cette originalité dans les textes de Nothomb : « Il est de plus en plus rare de voir des auteurs construire un univers qui leur est propre, nourri de personnages singuliers et de thèmes peu fréquents, or on retrouve tout cela chez Amélie Nothomb. Tout ce qui tourne autour du corps, en particulier, est unique chez elle. Les lecteurs retrouvent dans ses livres l'expression d'un vertige, d'un vécu d'angoisse, qu'ils ne trouvent nulle part ailleurs. » Cet univers très personnel transparaît dans *Métaphysique des tubes*, par les pensées de l'enfant, ce sont les réflexions de l'auteure qui transparaissent. L'auteure s'inspire de faits réels et de sa vie, des thèmes souvent apparus dans l'ensemble de son œuvre littéraire. Elle met l'accent sur des sujets qui lui sont personnels tels que des évènements marquants ou le pays du Japon mais aussi sur des sujets pouvant toucher un plus large public tels que l'amour, la manipulation. Elle utilise ses livres pour, à l'instar de *Métaphysique des tubes*, réfléchir sur le monde. Bien qu'elle ne se place dans aucun mouvement littéraire particulier, Amélie Nothomb reprend des éléments d'autres mouvements tel que le Nouveau Roman tout en marquant un changement littéraire. Elle s'inscrit donc dans un certain renouvellement de la littérature contemporaine et de ses normes. Ses influences sont variées, elle avoue cependant être très marquée par des auteurs comme Diderot, Nietzsche (en particulier *Le Crépuscule des idoles*), Wilde (notamment son *Portrait de Dorian Gray*) ou encore Capote.

LES THÈMES
PRINCIPAUX

Un des thèmes majeurs de ce roman est la réflexion sur l'évolution humaine et les premiers pas dans la vie. En se mettant en scène de sa naissance à ses trois ans, Nothomb écrit autour d'un personnage en plein apprentissage de la vie, pénétrant dans un monde inconnu. L'enfant traverse subséquemment différents moments dans sa croissance et pense au sens de chacun de ses actes qui sont comme des étapes dans son évolution. On peut noter plusieurs éléments et procédés mis en avant par l'auteure pour caractériser cette notion d'évolution tant mentale que physique et les expériences du personnage.

L'enfant se situe dans le temps grâce aux climats et aux changements naturels. Elle comprend les saisons en observant les plantes, les arbres, les fleurs et leurs mouvements. La nature est très importante pour ce personnage qui admire les jardins et aime rester sous la pluie. L'eau la fascine. Tous ces éléments donne à voir une enfant alerte au monde qui l'entoure et avide de découvertes. Ces découvertes embrassent tous les aspects de la vie dont les sens physiques : l'ouïe, la vue, l'odorat qu'elle apprend à connaître et développer durant la nuit.

Le récit est marqué par plusieurs évènements importants et significatifs aux yeux de l'enfant. Chaque nouveau fait donne lieu à un bouleversement, un tournant dans sa vie et son apprentissage. L'auteure les raconte comme des péripéties symboliques. Le lecteur plonge directement dans le monde de la petite Amélie et de ses tergiversations. Ses premiers pas dans la vie sont donc peuplés de découvertes et de pensées sur la vie. L'auteure par le regard de l'enfant donne aussi à voir à ses lecteurs une réflexion sociale sur la vie de famille mais aussi sur les différences sociales entre japonais et occidentaux. En effet, lors d'une discussion entre les deux nourrices japonaises l'enfant réfléchit à propos du pays dans lequel elle vit, ses habitants et son entourage. Cette réflexion sociale va de paire avec l'observation que pose l'auteure sur l'existence au travers du personnage de l'enfant. Cette observation se manifeste notamment lorsqu'à ses deux ans et demi elle fait l'apprentissage du langage. Elle réfléchit alors à la force et à l'impact que peuvent avoir les mots : « L'examen de l'édifiant langage d'autrui m'amena à cette conclusion : parler était un acte aussi créateur que destructeur. » C'est à ce moment-là qu'elle prononce ses premières paroles. L'auteure au travers de l'évolution de son personnage étudie alors la vie humaine et son exploration. Riche de ses expériences, la petite fille change de regard sur le monde au fur et à mesure de sa croissance et de son avancée dans l'âge. Le temps et le changement de point de vue sont des notions que soulignent l'enfant en déclarant : « A trois ans, […] on observe des phénomènes inédits, opaques. On ne possède aucune clé », puis en ajoutant un peu plus loin : « A deux ans, on ne remarque pas ces changements et on s'en fiche. A quatre ans, on les remarque, mais le souvenir des années précédentes les banalise et les dédramatise. A trois ans, l'anxiété est absolue : on remarque tout et on ne comprend rien. » Par cette phrase, Nothomb offre aux lecteurs un avis et une réflexion sur le concept d'évolution et de transformation dans la vie humaine. Elle décrit et illustre le cycle de la vie du point de vue enfantin.

Nothomb utilise plusieurs procédés d'écriture afin de figurer ce point de vue d'enfant en pleine découverte. Ainsi, elle utilise des figures de style telles que les métaphores. Elle utilise la métaphore de l'huître pour représenter les accidents mentaux, c'est à dire, selon l'auteure, des blocages mentaux créés par l'humain. Elle mentionne cela en abordant le sujet des soucis d'évolution chez l'homme lorsqu'il grandit, découvre la vie. Par l'utilisation de cette image elle illustre son propos et sa pensée. Elle fait également usage d'autres procédés littéraires afin d'imager ses propos tels que les comparaisons, notamment lorsqu'elle mentionne le physique de l'enfant et ses yeux colériques « d'un noir de paysage incendié », « noirs comme du charbon ».

L'autre thème de fond abordé par Amélie Nothomb est le sacré. Tout au long du livre, la parole est représentée comme une arme mais aussi une bénédiction. La petite fille découvre le langage et son effet. Elle fait l'éloge de la parole et la considère comme un pouvoir caché : « Parfois je me demandais pourquoi je ne montrais pas à mes parents l'étendue de ma parole : pourquoi me priver d'un tel pouvoir ? » Elle dissimule à son entourage le fait de savoir s'exprimer et mesure l'importance de cela en se questionnant sur l'utilité et l'impact des mots. D'ailleurs ses premiers mots, qu'elle choisit précautionneusement, sont d'une grande importance, elle les mentionne comme des trophées. La parole tient une place prépondérante dans le récit. Elle est un pouvoir que l'enfant possède. L'enfant se voit comme toute puissante. Elle se définit comme « Dieu » dès le début du livre. Elle se décrit donc comme un enfant sacré et supérieur. Le récit du jour de l'anniversaire de ses trois ans en est la preuve. Ce jour-là, elle pense que tout le monde la célèbre, comme si c'était un jour marquant de la vie de tout un chacun.

Cette supériorité de l'enfant est aussi caractérisée par les mots que l'auteure utilise pour décrire ses actions. Elle donne une image religieuse d'elle-même. Elle nomme ses carpes « la trinité ». Ce terme biblique signifie bien le côté religieux et sacré qu'elle croit posséder. De surcroît, lorsqu'elle va donner à manger à ses poissons, elle raconte : « Je bénissais la galette de riz, la rompais », elle leur dit même : « Ceci est mon corps livré pour vous. » Ces images sont religieuses et décrivent une eucharistie, un repas saint délivré par les mains d'un être divin : elle-même. Dès le début du livre, l'enfant est caractérisée comme un tube mais aussi comme Dieu. Elle est apathique et cet état végétatif la renvoie à un être religieux, sans matière et sans corps. A la fin du livre, il y a un retour au tube lorsqu'elle mentionne la dernière fois qu'elle a nourri ses carpes, ce retour est écrit comme une parabole : « Souviens-toi que tu es tube et que tube tu redeviendras. »

Dans tout roman autobiographique, la question de la mémoire de l'auteur et de la véracité de son récit se pose, Nothomb y fait donc référence à plusieurs reprises en prouvant au lecteur que son roman est issu de faits réels et paradoxalement en continuant encore et toujours de remettre en question le processus autobiographique. Le récit est chronologique avec la mention de son changement d'âge, de dates précises et des différents mois à partir de ses deux ans et demi. Cette chronologie qui est maintenue jusqu'à la fin de l'histoire, montre que l'enfant grandit et change. De surcroît, cela donne un aspect véridique et précis au récit. L'autobiographie paraît subséquemment organisée, avec des détails spécifiques. Cette spécificité des détails se retrouve dans la narration de l'histoire et la description des éléments de la vie de l'enfant. Il y a ainsi des détails sur sa vie, sa famille, son environnement, avec la mention de villes, de noms, de personnes. Ces données ramènent à une certaine réalité et procurent une véracité à l'histoire. Amélie Nothomb se met en scène en tant que petite fille pour raconter ses souvenirs de famille et d'enfance.

En commençant à écrire à la première personne du singulier, elle aborde le sujet du souvenir. Par cela, elle s'exprime sur la crédibilité de son autobiographie. Elle rompt alors avec le point de vue enfantin pour revenir à un point de vue d'autobiographe qui ne prétend pas à une sincérité absolue mais revendique une vérité dans son écrit. Cette notion de souvenir va de paire avec la notion de mémoire qu'elle évoque aussi, justifiant ainsi de la véracité de son écrit. Lors de l'événement traumatisant où on lui annonce qu'ils ne passeront pas leur vie au Japon, elle se rend compte que les choses sont éphémères et entame le processus de mémoire. L'enfant a alors trois ans. Elle décide qu'elle se souviendra de tout et gravera la puissance des images de son enfance dans sa tête. Ainsi naît le souvenir pour elle. Nothomb fait preuve d'honnêteté auprès de ses lecteurs en ne prétendant pas se souvenir exactement de tout avant cet âge-là.

ÉTUDE DU MOUVEMENT LITTÉRAIRE

Amélie Nothomb ne s'inscrit dans aucun mouvement littéraire. Dans un entretien pour *L'Express* elle dit elle-même : « Il y a des écrivains que j'aime beaucoup, mais je ne me reconnais pas en eux. Quant à ce qui est générationnel, ça ne m'intéresse pas. » Sa littérature, selon elle, n'embrasse aucun autre genre ni aucun autre auteur. Mais bien qu'elle ne se place elle-même dans aucun mouvement, avec *Métaphysique des Tubes* nous pouvons tout de même souligner la part autobiographique de son roman. Ce livre est catégorisé comme roman autobiographique. Ce n'est donc ni un mémoire ni une fiction à part entière mais un mélange des deux. Nous pouvons donc inscrire ce roman dans la lignée des récits de soi auxquels la fiction s'entremêle appelés aussi autofictions.

L'autofiction est un néologisme crée en 1977 par Serge Doubrovsky. On l'appelle parfois « roman personnel ». C'est un croisement entre un récit réel de la vie de l'auteur et un récit fictif. Ce sont des évènements romancés de la vie de l'auteur. Dans le cas d'Amélie Nothomb, elle mélange souvenirs et imaginaire dans un récit sur sa vie. Les thèmes de l'enfance, l'identité, la mémoire et la découverte du monde sont souvent abordés dans les romans autobiographiques. Les questions de vérité et de mémoire se posent également. Nothomb fait un aveu de sincérité à ses lecteurs en écrivant n'avoir aucune mémoire avant ses deux ans et demi et s'être basée sur des souvenirs de famille. Ce processus est souvent utilisé dans les récits intimes et autobiographiques. Dans un entretien pour *Classiques & Contemporains* elle déclare à ce propos : « La notion de sincérité me semble essentielle dans le récit de soi. S'agissant de souvenirs qui précèdent l'âge de trois ans, il est difficile voire impossible de savoir s'ils appartiennent à l'imaginaire ou au réel. » Elle ne dissimule donc aucunement le fait de mélanger ses expériences personnelles et l'imaginaire afin de servir son histoire.

Amélie Nothomb au travers de cette autobiographie de sa naissance à ses trois ans, offre à son lectorat un roman créant une réflexion sur la vie mais aussi sur l'écriture de soi.

DANS LA MÊME COLLECTION
(par ordre alphabétique)

- **Anonyme**, *La Farce de Maître Pathelin*
- **Anouilh**, *Antigone*
- **Aragon**, *Aurélien*
- **Aragon**, *Le Paysan de Paris*
- **Austen**, *Raison et Sentiments*
- **Balzac**, *Illusions perdues*
- **Balzac**, *La Femme de trente ans*
- **Balzac**, *Le Colonel Chabert*
- **Balzac**, *Le Lys dans la vallée*
- **Balzac**, *Le Père Goriot*
- **Barbey d'Aurevilly**, *L'Ensorcelée*
- **Barbey d'Aurevilly**, *Les Diaboliques*
- **Bataille**, *Ma mère*
- **Baudelaire**, *Les Fleurs du Mal*
- **Baudelaire**, *Petits poèmes en prose*
- **Beaumarchais**, *Le Barbier de Séville*
- **Beaumarchais**, *Le Mariage de Figaro*
- **Beauvoir**, *Mémoires d'une jeune fille rangée*
- **Beckett**, *Fin de partie*
- **Brecht**, *La Noce*
- **Brecht**, *La Résistible ascension d'Arturo Ui*
- **Brecht**, *Mère Courage et ses enfants*
- **Breton**, *Nadja*
- **Brontë**, *Jane Eyre*
- **Camus**, *L'Étranger*
- **Carroll**, *Alice au pays des merveilles*
- **Céline**, *Mort à crédit*
- **Céline**, *Voyage au bout de la nuit*

- **Chateaubriand**, *Atala*
- **Chateaubriand**, *René*
- **Chrétien de Troyes**, *Perceval*
- **Cocteau**, *Les Enfants terribles*
- **Colette**, *Le Blé en herbe*
- **Corneille**, *Le Cid*
- **Crébillon fils**, *Les Égarements du cœur et de l'esprit*
- **Defoe**, *Robinson Crusoé*
- **Dickens**, *Oliver Twist*
- **Du Bellay**, *Les Regrets*
- **Dumas**, *Henri III et sa cour*
- **Duras**, *L'Amant*
- **Duras**, *La Pluie d'été*
- **Duras**, *Un barrage contre le Pacifique*
- **Flaubert**, *Bouvard et Pécuchet*
- **Flaubert**, *L'Éducation sentimentale*
- **Flaubert**, *Madame Bovary*
- **Flaubert**, *Salammbô*
- **Gary**, *La Vie devant soi*
- **Giraudoux**, *Électre*
- **Giraudoux**, *La Guerre de Troie n'aura pas lieu*
- **Gogol**, *Le Mariage*
- **Homère**, *L'Odyssée*
- **Hugo**, *Hernani*
- **Hugo**, *Les Misérables*
- **Hugo**, *Notre-Dame de Paris*
- **Huxley**, *Le Meilleur des mondes*
- **Jaccottet**, *À la lumière d'hiver*
- **James**, *Une vie à Londres*
- **Jarry**, *Ubu roi*
- **Kafka**, *La Métamorphose*
- **Kerouac**, *Sur la route*
- **Kessel**, *Le Lion*

- **La Fayette**, *La Princesse de Clèves*
- **Le Clézio**, *Mondo et autres histoires*
- **Levi**, *Si c'est un homme*
- **London**, *Croc-Blanc*
- **London**, *L'Appel de la forêt*
- **Maupassant**, *Boule de suif*
- **Maupassant**, *La Maison Tellier*
- **Maupassant**, *Le Horla*
- **Maupassant**, *Une vie*
- **Molière**, *Amphitryon*
- **Molière**, *Dom Juan*
- **Molière**, *L'Avare*
- **Molière**, *Le Malade imaginaire*
- **Molière**, *Le Tartuffe*
- **Molière**, *Les Fourberies de Scapin*
- **Musset**, *Les Caprices de Marianne*
- **Musset**, *Lorenzaccio*
- **Musset**, *On ne badine pas avec l'amour*
- **Nothomb**, *Hygiène de l'assassin*
- **Perec**, *La Disparition*
- **Perec**, *Les Choses*
- **Perrault**, *Contes*
- **Prévert**, *Paroles*
- **Prévost**, *Manon Lescaut*
- **Proust**, *À l'ombre des jeunes filles en fleurs*
- **Proust**, *Albertine disparue*
- **Proust**, *Du côté de chez Swann*
- **Proust**, *Le Côté de Guermantes*
- **Proust**, *Le Temps retrouvé*
- **Proust**, *Sodome et Gomorrhe*
- **Proust**, *Un amour de Swann*
- **Queneau**, *Exercices de style*
- **Quignard**, *Tous les matins du monde*

- **Rabelais**, *Gargantua*
- **Rabelais**, *Pantagruel*
- **Racine**, *Andromaque*
- **Racine**, *Bérénice*
- **Racine**, *Britannicus*
- **Racine**, *Phèdre*
- **Renard**, *Poil de carotte*
- **Rimbaud**, *Une saison en enfer*
- **Sagan**, *Bonjour tristesse*
- **Saint-Exupéry**, *Le Petit Prince*
- **Sarraute**, *Enfance*
- **Sarraute**, *Tropismes*
- **Sartre**, *Huis clos*
- **Sartre**, *La Nausée*
- **Senghor**, *La Belle histoire de Leuk-le-lièvre*
- **Shakespeare**, *Roméo et Juliette*
- **Steinbeck**, *Les Raisins de la colère*
- **Stendhal**, *La Chartreuse de Parme*
- **Stendhal**, *Le Rouge et le Noir*
- **Verlaine**, *Romances sans paroles*
- **Verne**, *Une ville flottante*
- **Verne**, *Voyage au centre de la Terre*
- **Vian**, *J'irai cracher sur vos tombes*
- **Vian**, *L'Arrache-cœur*
- **Vian**, *L'Écume des jours*
- **Voltaire**, *Candide*
- **Voltaire**, *Micromégas*
- **Zola**, *Au Bonheur des Dames*
- **Zola**, *Germinal*
- **Zola**, *L'Argent*
- **Zola**, *L'Assommoir*
- **Zola**, *La Bête humaine*
- **Zola**, *Nana*

9 782759 306275